AF140723

Tina Charcoal Burner

Zwei alte Schabracken 50 +

lassen es so richtig knacken.
Suchen auf diesem Wege, potente,
fidele Herren.
Swingerclubtauglich.
Chiffre..........

Herstellung und Verlag
Books on Demand GmbH,
Norderstedt
© 2014

ISBN 9783738607444

Coverfoto © 2014
TCBurner & Arts, Coburg

Vorwort

Im Zuge meiner Recherchen in verschiedenen
Swingerclubs, kam mir die Idee spontan zu dieser
Aktion.

Wie reagieren Männer auf Inserate dieser Art und
welche Fantasie spielt sich dabei in deren Köpfen
ab.

Im Vorfeld allerdings, möchte ich mich bei den
Herren entschuldigen, die es ernst gemeint
haben, Single sind und nun enttäuscht wurden,
weil sie gehofft hatten.
Nur Mut! Irgendwann findet Ihr die Richtige.

Die meisten wurden dauerhaft inspiriert!
Erleuchtung fand dabei jedoch keiner!

Dem Rest sage ich nur.........kommt endlich aus
euren Höhlen in Neandertal, schaltet das Gehirn
ein, falls vorhanden und werdet erwachsen.
Wir Frauen sind nicht alle naiv und wollen auch
nicht mit der Pompfe betäubt und an den Haaren
willenlos zurück in die Höhle gezerrt werden!

Die Briefe wurden per Hand eingetippt, wie von
den „Herren der Schöpfung" im Original
geschrieben. Die Schreibfehler ausgemerzt.

3

Namen, Adressen, sowie Handynummern nicht erwähnt aus Datenschutzgründen um die Diskretion der einzelnen „Herren" zu wahren.
Einige Briefe wurden per Hand, sehr gefühlvoll und romantisch geschrieben und mit kleinen Zeichnungen versehen.
Andere kurz und einfallslos getippt.
Teilweise lagen auch Bilder bei und es gab einige Sahneschnittchen darunter.
Manche Typen waren so von sich eingenommen, dass einem schlecht wurde.
Sicher waren einige Schreiben gefaked um zu sehen, was da kommt.
Geöffnet wurden die Umschläge mit Handschuhen, denn Frau weiß ja nie!!!!
Prompt fanden wir in einem ein Päckchen Kot mit entsprechendem Kommentar.

Mädels und Euch rate ich,
Nein ich lege es Euch nahe……..
Schaut genau hin, was Eure Männer so treiben, denn sie treiben es heftig, nur nicht mit Euch.

Nicht umsonst singen Die Ärzte………
„Männer sind Schweine"

Folgende Anzeige wurde geschaltet

2 alte Schabracken 50$^+$
lassen es so richtig knacken.
Suchen auf diesem Wege, potente
fidele Herren.
Swingerclubtauglich.
Chiffre.........

.... *und das waren die Antworten*

Hallo Ladies

mit großem Interesse habe ich Eure
Anzeige im FT gelesen und habe mich
sehr darüber gefreut und mich spontan
entschieden, Euch zu antworten.

Ihr sucht potente und fidele Herren, die
immer noch gut drauf und drunter sind.

Ich gehöre zu dieser Spezies.

Mein Name ist A.
Ich bin zwar schon Anfang 50 (also
auch eine männliche Schabracke!), aber
ich besitze in jeglicher Hinsicht sehr viel
Erfahrung und kann diese Erfahrung
auch umsetzen und sozusagen auf die
Straße bringen.

Ich habe u.a. die Erfahrung gemacht,
dass nicht nur junge Dinger ihre Reize
haben, sondern es erst richtig geil und heiß
wird, wenn Frauen jenseits der 50 sind.

Deswegen möchte ich Euch unbedingt
kennen lernen und stelle mich jederzeit -
und das meine ich auch so - Euch beiden
zur Verfügung.
Im normalen Leben stehe ich mit beiden
Beinen im Leben, bin ungebunden und
unabhängig in jeder Hinsicht.
180 cm groß und besitze, denn darauf
kommt es auch an, einen großen dicken
Schwanz (17 x 5,5) mit dem ich sehr
gut umgehen kann und wiege 88 kg.
Ich bin ein lustiger Mann, den so schnell
nichts aus de Ruhe bringen kann.

Sexuell bin ich trotz meiner
Ungebundenheit (nachweisbar) einiges
gewöhnt, und sehr vielfältig.
Ich habe allerdings auch meine
Vorstellungen und nehme nicht alles und
jede mit. In gewisses
Niveau sollte vorhanden sein.

Schon lange suche ich 2 Damen wie ihr
es seid, die beim Sex 120% gehen
können.
Ich stehe auf Rollenspiele und könnte
morgens euer Meister sein aber abends zu
eurem Spielzeug werden.
Ich bin gesund und möchte es auch bleiben,
um das Leben noch lange genießen zu
können.
Ich habe etwas was viele andere auch
nicht haben, nämlich Zeit.

Das heißt ich muss nicht mehr arbeiten
und
kann mir trotzdem ein schönes Leben
machen und tue dies auch.
Ich bin beileibe kein Langweiler oder von
gestern, im Gegenteil, ich stehe allen
Dingen des Lebens offen gegenüber.
Wenn ich die Anzeige richtig deute, habt
ihr auch Erfahrung mit Swingerclubs.
Hierzu würde ich gerne von Euch
dazulernen.
Wenn ihr so einen wie mich sucht und
mich kennen lernen wollt, so schreibt mir
eine Email an folgende Adresse
Oder ruft mich an unter meiner
Handynummer

Bis bald
A

Meldet Euch für gemeinsame
Reiterspiele.

Küsse und Grüße
B

Hallo ihr lieben Schabracken

gerne würde ich euch kennen lernen.

Mein Name ist M.....und ich wohne
im
Landkreis C.....

Ich bin 45 Jahre und potent.
Gerne dürft ihr mir schreiben.
Ich hoffe auf eine SMS von euch.
Meine Nummer........

Viele Grüße und hoffentlich bis bald.
M

Hallo ihr beiden,
ihr macht mich neugierig.

Würde mich freuen, wenn wir zusammen
was unternehmen und das richtig.

Ich bin 48 Jahre jung, schlank,
1,80 groß und selbstständig und komme aus
dem Landkreis

B.

Also auf geht´s.

Hi, Hi ihr Schabracken ☺,

ich bin auch für vieles neues offen und würde
mit euch noch sehr vieles erleben ☺

Ich bin 44 Jahre, attraktiv und habe
eine normale Figur.

Ich würde mich sehr freuen, mal was von
euch zu hören.

Mit freundlichen Grüßen
M

Hallo,

ihr „alten Schabracken" hier antwortet
Euch ein „tiefgründiger" mit geladenem
Rohr!
Korn ist da genug drin, aber ich will
etwas von mir schreiben:
Bin im selben Alter wie ihr
Swingerclubtauglich und bin in
Abständen Gast in B...../B......
Der Club macht um 22:00 Uhr auf.
Publikum - im Alte von 20 - 65
Jahre, gemischt.
Ob dünn oder etwas stärker, das spielt hier
keine Rolle!
Aber, vielleicht sollten wir uns mal vorher
treffen und unter 6 Augen sprechen, da es
doch einige Regeln zu beachten gilt.
Telefonisch bin ich unter Handy zu

erreichen.

Wenn ich nicht hören sollte – rufe
in der Regel – zurück!

Bis bald!?????????
G

Ich ebenfalls 50, schlank, 1.78 groß.

In welchen Club soll's denn gehen?

Seid ihr Swingerclub erfahren oder Neulinge?

Kontakt unter B

Hallo, Ihr zwei Schabracken!

Gerne würde ich Eure Wünsche und
Bedürfnisse ausgiebig befriedigen und
würde mich sehr freuen, wenn ihr Kontakt
mit mir aufnehmen würdet.
Erreichen könnt Ihr mich unter der
Handy-Nr...........
Ich bin ein Mann, Anfang vierzig,
schlank und gepflegt, der das gleiche sucht
wie Ihr beide.

Sauberkeit und Diskretion ist für mich
selbstverständlich und erbitte ich auch.

Vielleicht können wir uns schon bald nach
Herzenslust verwöhnen.
Alles weitere sollten wir uns persönlich im
Gespräch erzählen.

Ich würde mich sehr freuen von Euch zu hören.

Viele Grüße
M

Hallo!

Auch ich aus B........ suche eine
aufgeschlossene Swingerbegleitung.
Gerne würde ich Euch beide kennen
lernen.
Euren Anruf erwartet B
Telefon.............

Hallo

würde euch gerne kennen lernen.
Bin 52 schlank
Handy...............

Tom und ich
möchten Sie gerne kennen lernen.
Handynummer.............

Hallo

Eure Anzeige ist sehr interessant.
Mein Name ist J, bin 56 Jahre
183 cm, mit guter Figur.
Mein bestes Stück ist 20 x 5 cm.
Bin sehr potent und ausdauernd.
Ich habe 20 Jahre Swinger Club
Erfahrung.
Kann Euch aber auch im privaten
Rahmen verwöhnen.

Alles andere können wir am Telefon
besprechen

Liebe Grüße
J

Hallo,

eure Anzeige hat mich inspiriert.

Ich bin 60+ und hätte Interesse,
Euch kennen zu lernen.
Ich würde mich über eine Antwort sehr
freuen!

LG
R

Hallo,

würde Euch gerne kennen lernen!
57 J. 1,88m sportlich NR,
geschieden.

Möchte mich wieder richtig austoben!

Gruß
M

Hallo,

würde euch beide gerne kennen lernen!

Kurz zu mir: Bin 50 Jahre jung,
sportlich schlanker Typ und auf jeden Fall
Tageslicht tauglich.

Bin jedoch gebunden aber nicht
angebunden, deshalb möcht ich um
Diskretion bitten!

Beruflich selbstständig.

Bitte schreibt mir eine SMS zu
welchen Zeitpunkt ich euch zurückrufen
darf.
Bin jedoch erst ab .... wieder erreichbar.
Mache eine Woche Urlaub.

Würde mich freuen etwas von euch zu hören!

Jedoch nochmals mit der Bitte um Diskretion!

Danke

Hallo,

bin interessiert euch kennen zu lernen, bin
64ig aber Gut erhalten sowie Gut drauf
für Euere Suche.

Meine Daten vorab 173 cm / 80 Kilo

Gebunden aber frei in meiner
Freizeiteinteilung, würde auch einmal in
den Swingerclub mit besuchen bei
passender Chemie ein vorheriges kennen
lernen würde mich freuen.

Bin Sexuell Gut drauf.

Mein erregter Penis ist 18 cm sollt euch
das Interessieren.
Diskretion / Sauberkeit wird geboten u.

erwartet.

Für eine RK Meldung pos/neg.
würde ich mich freuen.

Mfg
K

e. mail oder beiliegendes Cuvert

Hallo,

würde euch gern kennen lernen

bin 60 J
183 groß

LG
K

Hallo

liebe Inserentinnen, ich würde euch gerne
mal unverbindlich kennen lernen.

Mein Name ist J, ich bin 48 Jahre,
183 cm groß, schlank und habe blonde
Haare.

In Punkto Swingerclub ect. Bin ich
absolut aufgeschlossen und würde das gerne
mal zusammen mit euch ausprobieren.

Meine sexuellen Phantasien sind sehr
vielfältig und ich möchte diese nun auch mal
richtig ausleben.
Ich stamme übrigens aus dem Landkreis
Wenn ihr also Lust auf ein
unverbindliches Treffen habt, dann meldet

euch doch einfach mal bei mir unter

web…………

oder Handynummer…………

Freue mich auf euch und vielleicht bis bald

LG

J

Hallo,

ihr beiden.

Eure Anzeige klingt ja schon mal sehr viel versprechend.

Habt ihr einem jungen potenten Mann (31) noch was beizubringen?

Würde mich auf Antwort sehr freuen.

LG
D

Hallo,

ihr beiden, bin sehr interessiert, lasse euch
der Einfachheit halber meine
Handynummer hier.........., da könnt
ihr mich tagsüber bis 16 Uhr erreichen.
Wir können dann über Details und
näheres reden.......

Freu mich auf eine Antwort........

Liebe grüße und bis bald☺

Hallo,

ihr beiden, interessante Anzeige ☺

Wenn euch ein „kleiner"
Altersunterschied (jünger) nicht stört –
meldet euch bei mir per Email.
Würde mich sehr freuen neue
Bekanntschaften zu machen!
Freue mich auf Eure Antwort!

LG
B

Hallo Ihr Beiden,

ich habe leider erst jetzt eure Anzeige
gelesen.

Würde mich sehr freuen wenn ich ne
Antwort von Euch erhalten würde.

Alles weitere dann persönlich, bin echt
gespannt.

LG
H

Hallo

Würde euch gerne kennen lernen auch
finanziell unterstützen komme aus der nähe
von s...... 61 j

Hallo

Ihr 2 (Schabracken) - mit 50+ ist
man noch nicht alt - !!!!
Melde mich auf eure Anzeige im......

Bin auch 50+ und hätte Lust meine
sexuellen Phantasien weiter ausleben,
vielleicht mit Euch?

Bin zwar in einer Beziehung, aber
nicht verheiratet und es fehlt an Sex.

Immer nur 0815 ist mir zu wenig,
bräuchte mehr Auslastung, bin potent und
gut bestückt.

Wenn Ich Interesse habt, freu ich mich
auf eine Antwort, wenn möglich mit

Bildern von euch, dann schick ich auch
eins von mir.

Bitte an Email................

Hallo Ihr beiden,

Eure Anzeige hat mich nicht nur
angesprochen, ich finde sich auch sehr
anregend ☺

Ich heiße T, Single, 50 J., 175cm,
dunkelblonde Haare, grüne Augen und
absolut tageslichttauglich.
Bin charmant, aktiv,
unternehmungslustig, leidenschaftlich,
zärtlich.
Weinkenner und Genießer – vor allem
beim Sex lasse ich mir Zeit und koste
jeden Moment intensiv aus.

Was die Potenz betrifft, so müsst Ihr das
wohl persönlich testen.
Denn das letzte Wort hat ja bekanntlich

immer das Experiment..... ☺

In diesem Sinne, würde ich mich über eine SMS von Euch freuen.

Viele Grüße
T

PS.: Meine Handynummer............

Hallo

habe ihre Anzeige gelesen und wäre
interessiert an privaten treffen bin 34 und
würde sie gerne kennen lernen.
Antwort wäre nett.
Gruß

Hallo

Hier sind 2 sehr nette und wie ich meine
auch gut aussehende Männer, die gerne
etwas mit euch unternehmen würden.

Mein Name ist H, bin 47 Jahre jung,
1,78 groß, Single, fast schlank (leichtes
Bäuchlein), ein lebenslustiger, liebevoller
und sehr zärtlicher Mann, der viel
Humor besitzt.

Mein Kumpel M ist 49 Jahre alt, ca.
1,90 groß und sehr, sehr schlank.

Wir kommen beide aus dem Raum
H/H.
Es wäre toll wenn wir vier uns mal treffen
und beschnuppern könnten.

Mit uns ist es sehr lustig und es gibt viel zu lachen.
Darüber hinaus sind wir zu fast allen Schandtaten bereit ☺

Meldet euch einfach bei mir, dann können wir uns kennen lernen.

Liebe Grüße
H

Hallo ihr beiden,

habe gerade im CT eure Anzeige
entdeckt.
Ich heiße D und komme direkt aus C.
Ich bin von Beruf Ingenieur.
Zurzeit Single nach einer sehr
unglücklichen Beziehung.
Ich bin groß (1,89 m) schlank (74
kg), sehr sportlich, echt hübsch und gepflegt.

Ich mag es gerne mich euch beiden so
richtig krachen lasen, meldet euch doch
mal.

Liebe Swingerclubs genauso wie erotische
Dates mit schönen Massagen, viel
Erotik und Lust ohne große Tabus.
Ihr doch auch, nicht wahr?

Meldet euch doch bitte mal, gerne per
Sms
oder mit einer Mail, freue mich schon sehr
darauf und auf euch.

LG
D

Hallo

liebe Grüße aus W,
bin der R,
36,194 groß, 90 Kilo leicht gehe jedes
 Wochenende in en Swingerclub
 Vielleicht kann man ja mal zusammen
gehen

Hallo Ihr beiden!

Eure Anzeige spricht mich an, und ich
möchte Euch gerne persönlich
kennen lernen und bei gemeinsamer
Symphatie werden wir bestimmt feststellen
ob die Chemie stimmig ist für erotische
Aktivitäten.

Sehe ein persönliches Treffen grundsätzlich
Nach dem Motto. (Vieles kann – nichts
muss.)

Freitag, Samstagabend oder Sonntag
nachmittags würde bei mir gut passen.

Natürlich kann ich auch wochentags nach
der Arbeit zu einem Kennenlerndate
düsen.

Ruft mich doch einfach mal an und wir
können dann unsere Terminkalender
kreuzen.

Gruß
R

Hallo liebe „Unbekannte"

Ich habe Eure Anzeige im „FT
gelesen, und möchte mich hiermit bei euch
melden.
Zu meiner Person: Ich bin 63 Jahre
jung, geschieden, 1,70 Meter klein, ca.
80 kg leicht und Rentner. (400 Euro
Jobber)
Komme aus dem Raum B.

Mein Name ist H

und auch der kleine

H ist ein ganz lieber!

Würde gerne meinen Traum, einen

Dreier mit zwei Frauen verwirklichen.

Es wäre nett wenn es nicht beim Traum

bleiben würde.

Würde auch FKK, Sauna oder

Baggersee (Sommer) mitgehen.

Auch Interesse über den Swingerclub

hinaus an wandern, tanzen oder den

Sonntag mal im Bett verbringen (bei

schlechten Wetter) wäre auch nicht

schlecht, oder?

Bin Nichtraucher und kein Trinker

dafür aber ne Kaffeetante

(Kaffeetrinker).

Sonstige Mängel?

Möchtet ihr mehr von mir erfahren, dann
würde ich mich über einen Anruf/bzw.
treffen mit Euch freuen.

Meine Handynummer...........

Mit freundlichen Grüßen
H

Hallo Ihr zwei

ich glaube ich träume, wenn ich das lese.
Mich kann halt niemand zwicken.
Trotzdem schreibe ich Euch.
Ich bin 48 Jahre alt und 174 cm hoch.
Komme aus dem C...... Land und
würde Euch gerne kennen lernen
(da bin ich bestimmt nicht der einzige.)

Klar bin ich einer der richtigen Herren
für Euch.

Aber Eure Forderungen müsst Ihr
selbst beurteilen.

Das sollten wir bei einem unverbindlichen
Treffen mal durchsprechen.

Hoffe Ihr meldet Euch mal bei mir.

Handynummer.......oder über
Email.......

Bis bald und schöne Grüße
M

Hallo,

schönen guten Abend.

Eure Anzeige hat mich neugierig
gemacht.
Bin Anfang 50, 183, 79, sportlich,
schlank und sehr gepflegt.

Gewalt und schmutzig Sachen mag ich
nicht, dann schon lieber heiße Nylons oder
Dessous.

Diskretion ist natürlich auch gegeben.

Mag den Sex sehr, sehr gern und denk
daher auch noch sehr potent.

Sofern Ihr Interesse an ein heißes

Date haben solltet,
meldet Euch einfach mal.

LG

Wegen 2 alte Schabracken –

Hallo ihr beiden ☺

Ich komme aus W (liegt ungefähr auf halber Strecke zwischen L und K).
Ich bin 49 Jahre alt, geschieden, 1,82 m groß und wiege 78 kg.

Falls ihr noch sucht, würde ich mich zu einem Sympathiecheck gerne mit Euch treffen.

Gesichtsbild sende ich Euch gern zu.

Da ich geschieden bin, wäre Treffen kein Problem.
Ich freue mich auf eine Antwort von Euch (falls ich Euch auf meine

Beschreibung hin zusage) auf meine
Email Adresse.

LG
A

Gell,
da schaut ihr,
ihr alten Stink- Votzen!

.........im Umschlag lag ein Päckchen
Kot!
Falls der Spender dies lesen sollte,
auf diesem Wege, Danke ☺

Hallo Ihr Zwei,

bin 54/176 treibe seid über 40 Jahren
Mannschaftssport und bin auch Tageslicht
tauglich.

Würde mich freuen von euch zu hören,
oder unverbindlich mal zu Treffen!

(alles kann nichts muss)!

LG
P

Hallo Ladies

ich will Euch gerne näher kennen lernen
und
geile Lust und Sex mit Euch erleben.

Ich bin 40 Jahre alt, 1,90 m groß und
sportlich schlank.
Komme aus dem K...... Raum.

Ein Foto will ich Euch gerne per
Email
zusenden.

Geile Grüße von R

Hallo ihr Zwei

habe eure Anzeige am Samstag gelesen
würde euch gerne mal Kennen lernen.

Wenn mein Schreiben euch zusagt Ruft
doch mal unverbindlich an.

Meine Nummer ist........
könnten auch mal einen Dreier machen
habe immer Lust. bin 50 Jahre und
Schlank.
Wenn ihr wollt meldet euch mal.

Schöne grüße bis Bald

Hi Ihr Beiden,

wir G und W.
beide Ende 40, gut
drauf, leidenschaftlich, und voller Potenz
gut gebaut,
würden euch gerne kennen lernen.

Auch Erfahrung in
Swingerclubbesuchen vorhanden!

Sind topp gepflegt, groß 189 und 175,
gut aussehend und neugierig auf euch 2
Süßen!

Meldet euch doch mal bei uns, alles später am
Telefon!
Freuen uns echt!

Liebe herzliche Grüße
G und W

Hallo Ihr zwei unternehmungslustigen
„Schabracken"

Diese Anzeige lässt Männerherzen
höher schlagen.
Gerne würde ich Euch bei Euren
Vorhaben begleiten.
Bin 55 Jahre jung – 188 gr. –
schlank
Attr. und fidel

Hoffe auf eine Antwort

Liebe Grüße
R

Hallo ihr 2,

nun schreibe ich Euch doch mal und hoffe es
ist noch nicht zu spät.
Ich Anfang 40, kein Schönling aber
vorzeigbar, unersättlich und spritzfreudig
würde Euch beide heißen Bräute gerne
kennen lernen.
Vielleicht für Swingerclub, vielleicht aber
auch einfach für heiße Nächte zu 3?
Melde euch einfach und unverbindlich per
Email bei mir.

Dann werden wir sehen!?

Hey Ihr Schabracken,

ich steh auf Frauen im besten Alter, das würde schon mal passen ☺

Bin ein junger spritziger und sehr potenter 36 jähriger Mann (schlank, dunkelhaarig, beschnitten) und würde es mit euch „knacken" lassen, grins.

Meldet euch einfach, bin spontan und flexibel.

Bussi
O

Hallo ihr 2.

noch auf der Suche?

Bin 38.
Und hätte große Lust euch
kennen zu lernen!

Bitte meldet euch per Mail oder
Handy!!!!!

Hallo Ihr beiden 50+

Ich möchte mich gerne bei euch vorstellen.

Ich bin 54 Jahre alt, 180 cm groß und schlank.

Bin Nichtraucher und Nichttrinker und sonst vielseitig interessiert.

Hallo ihr beiden ☺

Ich möchte euch kurz auf eure tolle
Anzeige Antworten
Name G
Alter 50+
Schwingerclub - gerne - (Erfahrung
Ja!)
Potent - Ja
Neugierig - (ja auf euch beide)
Wollt ihr mehr erfahren?

Dann Handynummer

LG
G

Hallo Ihr (2)

Swingerlady

Ich gehe auch sehr gerne

Bei Vertrauen Liebe ich als Mann
Natürlich, geiles blasen, schön viel
Spritzen und das Natürlich 2-3 Mal am
Abend.
Ich stehe total auf Spermaspiele am
liebsten Spritze ich meinen heißen Saft auf
die Muschi und Kitzler, und wenn der
Saft über Kitzler und Muschi läuft,
dann lecke ich gerne meinen Saft vom
Kiztel runter und das wenn eine zweite
Frau mir zusieht, das macht mich noch
geiler.

Gruß L

50, 180, 80 kg, sportlich,
braune Haare,

18 cm,

rasiert

Hallo Schabracken

Auch ich lasse es gerne knacken.
Bin potent, fidel u. Swingerclubfan, sehr
gute Figur, topfit und geil. Für alles offen.
Bin aus B
Würde mich gerne mit euch treffen, so oder
im Swingerclub (eventl. SC in Z)
oder für private Gang Bang Parties u.
Swingerparties auch flotten 3er usw.
Ich suche eine rein sexuelle
Bekanntschaft nur für ab und zu
möglichst unkompliziert.
Bitte erst Kontakt unter SMS, rufe
umgehend zurück.
Treffen jederzeit möglich
M

Euer Inserat gefällt mir
Bin Singel, 48 schlank
Hätte Interesse wen ihr schlank seit an eine
Sexbeziehung.

Kein Swingerclub.

Bei Interesse bitte Rückruf od. Sms

Hallo ihr beiden,

vielleicht kann ich eure Wünsche erfüllen.
Würde es jedenfalls versuchen.

Ich bin 35, 183 cm und heiße S

Melden könnt ihr euch unter

Würde mich freuen
S

Hallo ihr zwei
unbekannten Swingerfans!

Hier schreibt euch A.

Ich bin 51 Jahre alt
1,80 m groß,
sportlich schlank und Nichtraucher.

Würde mich freuen wenn ihr mich unter
.... Einmal anrufen würdet
.

Natürlich könnt ihr euch auch per SMS
melden

Tschüß vielleicht bis bald
A

Hallo Unbekannte!

Ihre Annonce im CT hat mir sehr
gefallen.
Ich möchte Sie hiermit recht ♥-lichst
zu einem Essen einladen.

In einem Restaurant Ihrer Wahl.

Handy.........

Über einer Sms-Nachricht oder
über einen Anruf von Ihnen würde ich
mich sehr freuen.

Mit ♥-lichen Grüßen
M aus C

Hallo,

ich bin ein 54 – Jahre alter „Krebs",
180 cm groß, schlank und sportlich.

Bin geschieden und habe einen
erwachsenen Sohn.

Von Beruf kaufm. Angestellter.
Über einen Anruf, freue ich mich

Gruß
A

Hallo ihr zwei Hübschen,

ich glaube ich kann euch eure Wünsche erfüllen!

Bin 45 Jahre,
1,87 m groß, schlank und dunkelhaarig.

Gegenüber Neuem bin ich sehr aufgeschlossen!
Hier liegt ja der besondere Reiz!

Ich hoffe ihr meldet euch, um das auch in die Tat umzusetzen!

Mit freundlichem Gruß
T

Hallo ihr beide,

wir haben euer interessantes Inserat
gelesen.
Möchten es mit Euch mal gemeinsam
mal richtig „krachen" lassen.

Wir sind ein Paar (49/54) und
wären z. B. an gemeinsamen
Swingerclubbesuchen interessiert.
Bitte meldet Euch dazu unter ....
Wir freuen Euch bald von Euch zu
hören.

Mit lieben Gruß
E + H

Hallo Mädels

Single

Oldie

Baujahr 1950

Soweit noch gut erhalten

Let's go

Let's swing

Meldet euch halt mal

Hallo ihr 2 alte Schabracken

Ich bin der P
45 Jahre Alt und 1,75 groß
Meine Interessen und eure Interessen
passen gut zusammen.

Wenn ihr an mir Interesse habt, meldet
euch bei Mir.
Hier meine Handynummer
Erreichbar bin ich am besten ab 20 Uhr
Freue mich auf ein nettes Telefonat mit
euch 2 Alten Schabracken.

Liebe Grüße
der P

Hallo bin T.....und liebe alte
Schabracken,

würde sie gern verwöhnen und sie
umgarnen, wenn beide Symphatie haben
für einander, swingerclub ist noch nicht
meins, aber wer weiß, lasst uns nen Kaffee
schlürfen und kennen lernen.

Heißen Kuss wohin ihr möchtet.

Hallo Unbekannte!

Ich geiler Hengst, würde gerne wieder einmal eine heiße Stute besteigen.
Mein Prügel ist nicht zu verachten, denn er bringt es auf satte 28 cm.
Bis jetzt kam jede Frau auf ihre Kosten!
Ich besorge es dir in allen Stellungen und dazu müssen wir nicht in den Swingerclub um es knacken zu lassen.
Am liebsten treibe ich es unter der Dusche.
Bin 55 Jahre, 1,80 groß
Ich liebe mollige Damen.
Rührt euch! Handynummer anbei.
LG
S

Hallo Mädels

beim Knacken lassen bin ich immer fit dabei.

Höschen runter Beine breit, denn jetzt ist gleich Spermazeit.
Beim Sex da muss man schwitzen,
Papa darf dann schnell abspritzen!
Beweist er seine Größe,
ist gleich voll die geile Möse!
Ein Stößken hier ein Stößken da
Sind wir dem Orgasmus nah.
Nimmst du ihn dann in den Mund
bleibt der Papa kerngesund.
Tut er dann ein paar Mal zucken,
musst du dann mein Sperma schlucken!

Interesse geweckt????

Dann meldet Euch bei mir unter der
Handnummer oder schreibt ne Sms

Hab jetzt schon Stangenfieber

Dickes Bussi uff die Muschi

Euer K

Hallo Ihr heißen Bräute

Knacken lassen klingt immer gut!
Frauen in Eurem Alter ficken am
Besten.
Bin 38, 80 Kilo, 190 groß,
Sixpack, gut durchtrainiert
Single
Ich lecke gerne und knalle euch beide
gleichzeitig dann so richtig durch.
Am liebsten von hinten, während eine von
euch meine Eier leckt.
Meldet euch

Ed von Schleck und Blas mir einen

Hallo,

kurz und schmerzlos........ich brauchs
Flotter Dreier wäre geil....
Rührt euch und lasst es euch besorgen.
Kein Analsex, kein Fisting,
keine Kaviar und Natursektspielchen
Einfach nur geiler Sex
Lasst euch verwöhnen.
Bin Masseur und verwöhne euch gerne.
Anruf unter........
LG
Der L

Hallo Unbekannte!

Vielleicht werden wir doch miteinander
bekannt und Du meldest Dich bei mir.
Ich würde mich über ein Zeichen der
großen Unbekannten sehr freuen.
Hier etwas persönliches über mich
Ich bin 61 Jahre jung, mit leicht
ergrautem Haar.
schlank und 180 cm groß.
Mein Sternzeichen ist Stier.
Seit 15 Jahren bin ich geschieden.
Ich rauche nicht, trinke sehr selten
Alkohol. Dafür wandere ich gerne, gehe
öfter schwimmen, in die Sauna und
besuche gerne das Theater – und natürlich
alles was zu Zweit Spaß macht.
Über eine Nachricht würde ich mich sehr
Freuen.

Meine Handynummer ist.........
Ich freue mich auf Deinen Anruf oder
Nachricht.
Gerne rufe ich auch zurück.

Liebe Grüße aus dem C.......Land

Hallo Ihr zwei Unbekannten,

ich habe eure Anzeige gelesen.

Nachdem sie mich sehr angesprochen hat
möchte ich euch kennen lernen.
Ich war bisher in dieser Richtung nicht
aktiv.
Es würde mich aber dennoch sehr
interessieren.

Nun ein paar Zeilen zu meiner Person

Ich bin ein 50jähriger Mann
1,80 groß, wiege 83 kg,
habe kurzes volles Haar.
Bin sportlich gebaut und mit Sicherheit
nicht unattraktiv.
Über eine baldige Nachricht würde ich

mich freuen.

Bis bald

T

Handynummer.........

Eventl. Sms

Abends ab 20 Uhr

Hallo, Ihr beiden 50 +

Ich möchte mich gerne bei Euch
vorstellen.
Ich bin 54 Jahre alt, 180 cm groß und
schlank,
bin Nichtraucher und Nichttrinker und
sonst vielseitig interessiert.
Bin selbstständig und führe einen
Solarbetrieb in D.....und S.......
Ich liebe Reisen, Wandern und gut
Essen gehen.

Ich bin unkompliziert, romantisch, tierlieb
und naturverbunden.

Mir geht es gut, habe ein kleines Auto
und finanziell keine Probleme. Ich suche
auch die Abwechslung und würde euch

gerne kennen lernen.

Probiert es doch einfach mal aus
M

Hallo ihr beiden

Wer wird sich denn so bezeichnen......
Sagen wir doch „Mädchen im besten
Alter".
Ein „Junge", Anfang 50, würde
gerne mit euch auf Tour gehen.
Ich bin P, 182 cm, 85 kg, sportlich,
körperlich gut drauf...... auch wo 's drauf
ankommt.....und
Swingercluberfahren...grins

Durch meinen Job habe ich auch
gelegentlich mal Tagesfreizeit......wenn
nötig, so dass wenn ihr wollt, auch mal
tagsüber „gespielt" werden kann.
Ich wohne im Landkreis C.... fahre
jetzt für 14 Tage in die Berge.
Bin ab 15.09. wieder da und würde

mich freuen, dann von euch zu hören!

Lieber Gruß
P

Hallo Ladys!

Die schönen Dinge des Lebens mit euch
teilen, das wünsche ich mir.
Nun möchte ich euch etwas von mir
schreiben. Mein Name ist B.......
Ich bin aus Franken, Nähe B.......
Sportlicher Typ, 1,78 cm groß, mit
schlanker Figur. Anfang 50, mit vollem
dunklem Haar.
Blaue Augen.
Nichtraucher, berufstätig, romantisch,
potent und vielseitig interessiert.
Liebe alles, was zu zweit Spaß macht.
Ich glaube an die Liebe und ich glaube
auch, dass jeder Mensch die Liebe
braucht.
Vielleicht wird uns die Liebe
zusammenführen und wir dürfen glücklich

miteinander werden?!
Die Liebe kennt kein Aussehen, kein Alter und keine Zeit.
Sie passiert einfach.

Ich grüße euch nochmals von ganzem Herzen
B

Hallöle,

ich gut aussehender Mittfünfziger, möchte
es auch wieder einmal knacken lassen.
Bin verheiratet, doch läuft da nichts mehr
zwischen mir und meiner Ehefrau.
Immer nur rein raus und abspritzen.
Missionarsstellung ist auf Dauer öde.
Mein Freudenspender hat Druck und
wartet auf Entladung.
Ich male mir bereits aus wie ich euch
beiden Mädels die Löcher stopfe und
voll pumpe.
Am liebsten habe ich es ohne Gummi, da
bei mir eine Latexallergie besteht.
Bin sehr sauber und somit besteht keine
Gefahr der Ansteckung.
Ich hoffe eine von euch bläst gerne.
Während ich die eine lecke und auslutsche,

sollte die andere meinen Schwanz
polieren.
Kommen können wir dann gleichzeitig.
Ich spritze gerne auf Brust und Bauch
und bevorzuge einen Tittenfick.
Also Mädels......ran an den Pimmel,
bevor dieser Schimmel ansetzt.
Ich bin sehr ausdauernd.

LG
U

Juhu, ihr geilen Schabracken

Lassen wir es zusammen knacken.
Während ich eure Nippel und Brüste
mit meiner spitzen Zunge bearbeite und
euch den ersten Orgasmus beschere, darf
mich eine von euch besteigen und reiten, bis
der Saft spritzt.
Ich bevorzuge bei Frauen die
Doggystellung, denn da komme ich
besonders tief und es geilt mich beim
Anblick der Möse besonders auf.
Mein Liebesstab ist gewaltig und deshalb
finde ich so schlecht jemand, der mich vom
Druck befreit.
26 cm hat das beste Stück.
Ich hoffe ihr haltet ihn aus.
Er ist sehr fleischig und ich habe es bereits
beim Sex auf dauerhafte Besteigung bis zu

einer halben Stunde gebracht.
Die Frauen waren danach fix und alle.
Traut euch, ihr werdet es nicht bereuen.

Bis bald euer
S

Servus ihr geilen Hennen,

dann satteln wir die Hühner und reiten
wir nach Texas.
Ein scharfer Ritt, mit dem nötigen
Galopp ist für mich keine Schwierigkeit!
Bin ausdauernd, lecke gerne und spritze
bevorzugt in den Mund.

Es darf auch etwas schweinischer werden!
Ich habe es gerne, wenn Frau mein bestes
Stück bearbeitet, sich dann auf mich setzt
und mir einen heißen Ritt verpasst. Ich
streichle und zuzle inzwischen die Nippel, bis
es dir kommt.

Stellungswechsel während des Beischlafs
muss sein und ich hoffe es ist okay, wenn ich
dir in den Hinten spritze.

Spielzeug erlaubt!
Also nun meldet euch, damit es rund
gehen kann!

Euer Reiter HJ

Wow,

was für eine geile Vorstellung von zwei
Frauen verwöhnt werden zu dürfen!
Da rückt der Swingerclub in den
absoluten Hintergrund.
Ich habe mir bereits ausgemalt, was ich
mit euch beiden anstellen werde.
Etwas SM darf sicherlich sein! Oder?
Ich bin Koch und werde an diesem Tag
speziell etwas für uns zubereiten.
Denn!!!!!
Liebe geht durch den Magen und etwas
Völlerei beim Sex schadet nicht.
Das wussten schon die alten Römer und
Griechen.
Bei einer Flasche Wein......oder auch
Mehreren, werde ich euch dann mit allen
Schikanen verwöhnen.

Ich besitze ein Haus mit Sauna und
einem Pool im Keller.
Also dann meldet euch und überlegt nicht so
lange.

Kuss F

Hallo

ich möchte mal wieder so richtig ficken!
Alter 45 Jahre
Blond
Langes Haar
Großer Penis 24 cm
Leider verheiratet, aber dennoch abrufbar!
Ich hoffe euer Bett hält meinen
Stoßaktionen stand!
Da ich ab und zu mal zur dauerhaften
Verstärkung Viagra einwerfe, kann ich
vögeln bis ihr wund seit.

Ruft mich an
O

Dumdideldu,

ich bin der geile Hans
und steck in euch mein Schwanz.
Ich stoße feste zu
und lass euch nicht in Ruh.
Ist es dann soweit,
spritz ich ab, bis ihr nur schreit.
Sind wir dann gekommen,
wird er in den Mund genommen.
Und dann fleißig und auch munter,
holt ihr mir erneut ein runter.
Na????
Also ran!

Meldet euch
L

Hallöchen,

ich hätte Interesse.
Ihr auch?
Dann Kontakt über Mail

C!

Hi?........

......ihr Zwei?

Also entweder ist eure Anzeige ein
Scherz, nach dem Motto......schauen wir
mal, wer und wie da alles schreibt, was euch
vielleicht belustigen soll.
Es werden sicherlich viele Rückantworten
eingehen, da die Not ja so riesig ist.
Oder?
Es stellte sich den Schönheiten die
Frage...... "war das denn schon alles für uns
gewesen?"
Meine Antwort...... "Nein!"
Jetzt = immer jetzt
und Bauchschmetterlinge darf man sich von
keinem rauben lassen!
Mein Zauberwort # 1 = Freiheit
ZW # 2 = Ausprobieren

ZW # 3 = Kompromisslosigkeit, besonders
in Gefühlsdingen
ZW # 4 = Alleinesein
ZW # 5 = Risiko, ohne dieses keine
Echtlebendigkeit zugegen ist.

Hab auch noch 4 Stimmsätze,
aber Gemach!

Also was ist nun?
Her mit dem Nr. 1 Date!!!!!!
Noch a bisserl was zu mir

Alter passt
Größe 1,75 barfuss
Und die andere????? ☺
Na? Na? Na? - OK? Perfekt!
Gewicht? 70 kg - nackt

Und sonst?

Bin total selbstbewusst,

weiß genau, was ich will

kenne kein warten mehr

schaue Indianergut aus

Und?

Mehr?

Erst mal Rückantwort!

Tzääääää!

Och??????

Tschüssi!!!! K

PS: Je 1 Vorabschmätzli kriegt ihr

schon!

Wohin?....... Genau dahin!

So sich die Schönheiten nicht rühren!

Mich verpasst!!!!!!!!!

Selber schuld!!!!!!!!!!!!!

Hallo ihr zwei Sternla,

Eure Anzeige diese ist ja total reizend.
Ihr sucht also Butzis zum Enten
Füttern.
Euch möchte ich gern mal kennen lernen.
Vorab - ich bin kein Angeber -
Macho- oder Möchtegerntyp.
Nein, ich bin sehr ehrlich, verrückt und
mein Motto, sich mal ganz locker treffen,
auf einen Kaffee und ihr entscheidet „Ja "
oder „Nein "
Erfahrung Swingerclub habe ich große
gemacht.
Egal ob im O......... Treff bei K u H
oder woanders (sind aber schon einige
Monate her)
Ich liebe alles Schöne und Verrückte.

Ich habe große Vorlieben.

Mein anderes Motto:

Nie Gewalt aber immer schön geil, heiß

und versaut!

50 Jahre, aber kein alter Sack mit

Glatze und Bauch

Hosenträger

Romantisch, sportlich, schwarzes Haar,

ehrlich, fantasievoll, lustig, verrückt, gepflegt

kein Langweiler

180 cm.. 79 kg

Gut aussehend = Geschmack

Aber verstecken brauche ich mich auch

nicht.

Kein Bart – ab und zu 3 Tage

Immer rasiert – 18 x 5,5 cm - fleißig

LG

M

Hi Ihr „Schabracken"!!!!!

Eure Annonce hat mich verdammt
neugierig gemacht und treibt meinen
Hormonspiegel in unermesslich Höhen...
Möchte es auch gerne wieder mal so richtig
knacken lassen, bis sich die Balken biegen

Ich 55 Jährchen jung, viüüel jünger
noch in Kopf, Herz und Hose sowie den
unbedeutenden Äußerlichkeiten,
verheiratet aber längst nicht ausgelastet, bin
Swingercluberfahren, ausdauernd,
manchmal - naja - meist unersättlich bei
der schönsten Sache der Welt.
Experimentierfreudig und Neuem
Gegenüber sehr aufgeschlossen, ja tabulos so
die Partnerinnen „passen" und die

Chemie stimmt und würde es mit Euch
so richtig krachen lassen bis „es" kommt
und kommt und kommt.......im Club
aber auch gerne darüber hinaus im
„Lotterbett" oder an anderen Orten -
meiner Fantasie sind da keine Grenzen
gesetzt..... Eurer hoffentlich auch nicht?

Was ihr sonst noch erwarten dürft:

Lebe im Raum K
Sehr gutaussehend, sagt man, naja auch
Frau
183 cm
83 Kilo
Akademiker
Intim rasiert
Gut bestückt
Dunkelhaarig, südländischer Typ

Vom Rest solltet ihr euch selber ein
Bild machen (grins)!

Eigentlich eine Selbstverständlichkeit:
Biete und erwarte absolute Diskretion –
ohne wenn und aber!

Solltet ihr jetzt ebenfalls neugierig
geworden sein und feucht an der
entscheidenden Stelle, – sorry grins –
konnte ich mir jetzt einfach nicht
verkneifen, dann schreibt mir bitte eine Sms
die euer Interesse an einem näheren Kontakt
signalisiert.
Ich würde – im erhofften Fall der Fälle
– baldmöglichst zurückrufen oder smsen,
um ggf. ein erstes Treffen, egal wo ihr euch
das wünscht, zu arrangieren.
Sollten wir dabei auch noch feststellen, dass

„die Chemie stimmt", wer weiß, was dann
noch Schönes ungewöhnlich Erregendes
passieren kann......

Jetzt freu ich mich erstmal auf eure
Antwort und lasse meiner Fantasie freien
Lauf.........
Heiße übrigens W.
für Freunde W.....-
aber nicht der böse, sondern der gaaaanz
liebe mit der ausdauernden
Schleckerzunge (nochmals sorry)!
und dem.....na was wohl?

Liebe Grüße nach C.........
An euch zwei knackige süße
„Schabracken"!

W

Hallo Ihr zwei alten Schabracken!

Eure Annonce fand ich ganz lustig, vor
allem Wort „Schabracken", dass ich
schon lange nicht mehr gehört habe und es
nicht so gerne in den Mund nehme.
Auch fühle ich mich angesprochen, da ich
einmal bisher mit meiner Ex-Freundin
einen Swingerclub besuchte und dies gerne
noch einmal oder auch des Öfteren
wiederholen möchte!

Ich bin 56jährig, dunkelblond jünger
aussehend, habe eine sportliche Figur, bin
auch sportlich aktiv, bin nicht unattraktiv,
möchte mich noch als fit und potenten

Menschen bezeichnen, der keine
Erektionsprobleme kennt.
Ich bin außerdem gesund, sauber, gepflegte
Erscheinung mit netten Wesen und
sympathischen Äußeres.

Falls ihr euch inspiriert fühlt, würde ich
mich auf einen Anruf von Euch freuen!

Mit freundlichen Güssen
N

Hallo

Ihr zwei Schabracken
Sucht ihr zwei schwanzgesteuerte Herrn?
Wir 170 und 185 große Herrn
60 und 61 Jahre möchten euch beweisen
was potente Herrn sind und würden gerne
mit euch in Swingerclub gehen und sind
zu allem bereit was Spaß macht.
Wie wäre es mit Sklavenbehandlung alles
was so richtig geil ist.

So nun würden wir uns über SMS sehr
freuen.

Mit geilen Grüßen
H und D

Hallo,

ihr zwei Unbekannte
Bewerbe mich bei euch, um bei euch
mitspielen zu können und es richtig
knacken zu lassen!
Ich P..... bin 55 Jahre jung und fit.
Auch im Schritt!
Sternzeichen Waage!
Bin 176 groß und schlank.
Hab dunkle Haare und rehbraune
Augen.
Bin geschieden!
Habe Koch und Kaufmann gelernt
Wohne und arbeite in E.....Nähe B
als Gärtner.
Ich bin ehrlich, verlässlich, romantisch
zärtlich, lustig, tolerant, aufgeschlossen und
für fast alles zu haben.

Möchte wie ihr mich ausleben wie es mir
und uns gefällt!
  Gerne auch Swingerclub!
  Freue mich auf euch!

Mit lieben Grüßen
P

Hallo, liebe Partnersuchende

Ich habe ihr Inserat mit großer
Aufmerksamkeit gelesen und kam dabei
zu der Erkenntnis
„ich könnte ihr Wunschpartner sein!"
Ich glaube, dass ich ihnen ihre Wünsche,
Träume und Vorstellungen erfüllen kann.

Zu meiner Person:
Ich bin 59 Jahre jung, 173 cm groß,
83 kg schwer.
Ich hoffe, dass ich noch lange so gesund,
fit und lebenslustig bleibe, wie ich es jetzt bin,
damit sie vielleicht gemeinsame Zukunft
schön wird.

Zu meinem Charisma:
Bodenständig, charakterfest und mit dem

Herz am rechten Fleck.

Nichtraucher, finanziell gut dastehend,

ohne Altlasten und Kinder. Vorzeigbar

in jeglicher Art und Weise, auf alle

Ebenen des Lebens.

Zu meinen Vorstellungen:

Unsere eventuelle Zukunft zu zweit

In unserem neuen Leben sollten nur wir

beide das wichtigste sein.

Harmonie im Alltag, in der Freizeit

und nicht zuletzt auch im Bett, sollten

allgegenwärtig sein.

Sonst bin ich genügsam, anpassungsfähig,

für alles Neue offen (etliche Aida-

Reisen usw).

Fahre einen Audi Sportback und kann

sie damit überall erreichen.

Alles andere mündlich.

Ich freue mich auf ihren Anruf
W

Hallo, ihr zwei!

Ich bin schlanker gepflegter Mann mit
Niveau und würde euch gerne kennen
lernen und treffen!
Bitte meldet euch bei mir.
Meine Nummer lautet.........

Bitte gebt mir Bescheid.
Danke!
Geile Grüße

PS: Entschuldigung   meine   schlechte
Schrift

Hallo

würde euch gerne über diese Zeilen näher
kennen lernen.

Bitte um Anruf unter..........

Freue mich auf unser erstes Treffen.

Bis bald

Gruß R

Hallo
Würde euch gerne kennen lernen.

Bin ein geiler Hengst
Swingerclubtauglich

H

Hallo Mädels

Ich habe euere Anzeige gelesen und fühle
mich angesprochen.

Zu meiner Person
Bin ebenfalls bei 50 plus angelangt.

Bin 182 cm groß,
schlank und vorzeigelich

Hobbys
Musik, wandern usw.

Swingen ist in

SMS bitte an..........

Hallo!

Mit großem Interesse habe ich eure
Anzeige gelesen.
Bin 52
185 groß
Überall gut gebaut und für alles offen.
Um Näheres zu besprechen, könnt ihr
mich unter .... erreichen.
Würde mich über Nachricht von euch sehr
freuen.

Mit freundlichem Gruß
B

Hallo,

würde euch sehr gerne mal kennen lernen, bei einer gegenseitigen Massage.

Ruft doch einfach mal an

Liebe Grüße
M

Zwei Freunde
T und R möchten sie gerne kennen
lernen.

Hallo
Ihr beiden

Ich darf mich kurz vorstellen.
Ich heiße C. komme aus dem Landkreis
K und bin 47 Jahr alt.
Ich arbeite als Werkzeugmacher z. Zt.
krank geschrieben.

Bin FKK Anhänger und Nudist.
War früher mit meiner Ex-Freundin
3-4 mal im Swingerclub, was uns
beiden sehr gefallen hat.

Leider seit 2008 Single.

Verfüge leider über keinen PC oder
Laptop, deshalb würde ich mich über eine
Antwort sehr freuen, auch wenn sie

negativ ausfallen sollte.

Ihr erreicht mich unter........oder Sms

Bis bald

C

Hey Mädels noch gut drauf!

Bin sportlich attraktiv und 49 Jahre
jung und für viele Wünsche der Frauen
offen!
Pflege ab und zu Swingerclubbesuchen.
Komme aus dem Raum B.
Na Interesse geweckt?
Über ein Treffen würde sich bestimmt
reden lassen.
Bin in Kundendienstbereich Ober- und
Unterfranken tätig.

Meine Handynr.........

Hallo ihr beiden Sonnen!

Ich bin der R und ich glaube in euch
zwei brennt noch ganz schön viel Feuer.
Auch ich schieße noch aus der Hüfte und
hoffe einen Volltreffer gelandet zu haben.
 Würde auch eine feste Partnerschaft
eingehen.
Aber mehr beim ersten Kontakt!

Ich hoffe bald was von euch zu hören.
Bis dahin alles Liebe

Gruß
R

Hallo ihr beiden Süßen,

hiermit möchte ich auf euere
Kontaktanzeige antworten.
Dich eine heiße, erotische Freundschaft zu
einer scharfen, versauten Frau suche, hat
mir euere Anzeige gleich gut gefallen und
ich versuche einfach mal mein Glück, ob ich
von euch eine Chance bekomme.
Ich bin 51 Jahre alt, 175 cm groß,
habe braun-graue Haare, blaue Augen
und eine xxl-Figur
Ich bin seit kurzem Frührentner, habe
daher viel Freizeit und bin seit längerer
Zeit geschieden und ungebunden.
In Sachen Sex bin ich sehr einfallsreich
und experimentierfreudig.
Ich bin ein leidenschaftlicher Muschilecker
und liebe es wenn meine Sexpartnerin

137

heiße Reizwäsche trägt.
Besonders Nylonstrümpfe und
hochhakige Schuhe oder Stiefel haben es
mir angetan.
Wenn euch mein Foto zusagt, und eine
von euch beiden Lust hat mich etwas näher
kennen zu lernen, schreibt mir bitte ein
paar Zeilen oder ruft einfach an
unter.......oder sms
Ich hoffe schon bald von euch zu hören.

Mit geilen Grüßen und zwei dicke
Schmatzer auf euere süßen Muschis
T

Liebe Damen!
Ich bin begeistert über ihr Inserat im
FT und möchte sie deshalb auch
anschreiben, da ich auch gerne in den
Swingerclub gehe.

Ich bin 60 Jahre alt, aber jünger
wirkend und noch topfit, dazu mit besonders
sehr guten menschlichen Qualitäten, wie
man einen Mann sich nur wünschen
kann.

Des Weiteren habe ich Masseur gelernt,
was ihnen bestimmt gefallen würde.

Wenn sie wollen, würde ich mich gerne
mit ihnen treffen, ganz frei und
unverbindlich.

Ich hoffe auf Rückantwort und verbleibe
mit freundlichen Grüßen
E

Sie können mich auch anrufen
Handy.........
Ich würde mich sehr freuen

Hi ihr zwei

Ihr sucht jemanden (männlich,
Swingerclubtauglich!) der mit euch
spontan einmal für Abwechslung sorgt?

Ich habe leider noch keine
Swingercluberfahrung, wollte es aber schon
seit langem ausprobieren.
Hatte aber nach meiner Scheidung
keinen Partner mehr und allein hatte ich
die Befürchtung, nur mich aufdrängen zu
wollen.

Wenn ihr eine gute Einführung bietet,
kann sich das aber auch schnell legen.

Zu meiner Person:

Ich bin 44 Jahre alt/jung, viel mit

jungen Menschen zusammen.

180 cm groß, 85 kg schwer und im Schritt eine mittelgroße Duracel Batterie, die aber nicht durch ein Kondom verdeckt werden möchte.

Was ich beim Sex liebe, ist nicht der Sex an sich, sondern, dass was vorher geschieht.

Eine erotische Spannung aufbauen, bei der man total elektrisiert wird, so dass man das Ende gar nicht mehr erwarten kann.

Wenn ihr Lust habt, euch zu melden, hier meine Festnetznummer.......

Würde mich mit euch aber gerne erstmal privat treffen, um zu schauen, ob auch die Chemie stimmt.

Ich hoffe ihr meldet euch

Gruß R

Hallo ihr lustigen „Schabracken",
würde euch beide gern mal knacken,
vorher einen heißen Strip hinlegen
um euch ein bisserl zu erregen.
Bin sportlich, schlank, 190 m groß
und die Figur ist recht famos.
Also ein Mannsbild wie gestanden,
auch Stehvermögen ist vorhanden,
würde mich freun auf heiße Stunden,
bin aber leider auch gebunden.
Ich hoff, dies sei mir verziehn,
möchte dem Alltag mal entfliehn.
Es wäre toll, mal zu erleben,
mich 2 „Schabracken" hinzugeben.
Wenn die Zeilen euch betören,
dann lasst doch einfach etwas hören.
Würde mich freun und bin gespannt,
Ob's euch vielleicht bald über (Mann)t.
☺ M

Hallo liebe Schabrackenladys

Eure so verlockende Suche nach mir,
hat meine Neugier auf Euch voll und
ganz geweckt.
Also habe ich mich angesprochen gefühlt
und mich hoffnungs- und erwartungsvoll
an den PC gesetzt um Euch unbedingt
zu antworten.

Nur was schreibe ich jetzt, um sicher zu
gehen, dass ich bei zwei so geheimnisvollen
Damen unter 100 anderen Bewerbern
gewinne?
Bereits bei diesen ersten Zeilen, die ich
mit leichtem Lampenfieber zu Blatt
bringe, wünsche ich mir interessante und
aufgeschlossene Ladys wie Euch, die ich
als aktive, lebensfrohe, tolerante und somit

nicht alltägliche Frauen mit dem gewissen
   Etwas kennen lernen möchte, so wie ich sie
mir als Mann in meinen geheimsten
   Gedanken erträume.......
........und wie möchtet ihr mit mir Eure
Träume verwirklichen?

Um mich zu beschreiben müsste ich mich
in meinem Steckbrief als einen
einfühlsamen, romantischen Mann mit
dem nötigen Elan – glaube wenigstens ich
– aber auch mit der Erfahrung und
Reife aus 50 Lebensjahren angeben,
dem psychische wie physische Sensibilität
und Zärtlichkeit viel bedeuten. Weiterhin
glaube ich, dass Humor, nötige
   Lässigkeit aber auch zu wissen was ich will
zu meinen Eigenschaften gehören.
   Wichtiger als meine blauen Augen ist

nach meiner Meinung die Einstellung,
eine Frau mit all ihrer starken und
sinnlich tiefen Persönlichkeit zu gewinnen.

Sollte ich in meiner Beschreibung
irgendwo übertrieben haben, denn jeder
Mensch reagiert und lebt nach seinen
eigenen subjektiven Vorstellungen, werden
wir nur zusammen meine „Fehler"
entdecken können.
  Wie sagt man doch:
„Nobody ist perfect."
  Wie ich in euren Augen bestehen kann
muss ich Eurem Urteil mit Eurer
individuell eigenen Philosophie zum
Thema: „Mann" Überlassen, denn
„Ausstrahlung und Wirkung liegen
bekanntlich im Auge des Betrachters".
Hedenfalls bin ich gerne gut drauf – und

auch drunter.

Was bringt es mir, mich über meine
Eigenschaften weiter auszulassen – es
müsste ohnehin alles zum Eigenlob
ausarten – und von Euch weiß ich noch
viel zu wenig.

Halt, etwas weiß ich doch. Ihr seid wie
ihr mitteilt, "alt" und erfahren, aber
selbstironisch und vor allem frech, was mich
besonders neugierig auf euch macht, damit
verbunden auch selbstbewusst und mutig, das
zeigt Eure Anzeige, habt also Lust
das Leben zu genießen, wollt es so richtig
knacken lassen und sucht deshalb vielleicht
mich für die Verwirklichung aller kleinen
und großen Sünden, die erst im
gemeinsamen Austausch am meisten
Spaß machen.

Drum lasst uns swingende

Schmetterlinge, wenn ihr wollt, auch in einem Club erleben, miteinander lachen und plauschen und mehr die Säfte als nur Phantasien austauschen.

Wäre es daher für unsere beiderseitigen Interessen und Wünsche nicht reizvoll, uns bei einem ersten Treffen Eurer Wahl näher zu „beschnuppern"? - Sei es im Lokal oder bei einem Spaziergang in freier Natur, oder auch direkt bei Euch, um gleich meine gewünschte Potenz zu erproben? Ihr dürft dann an mir testen und mit mir machen, was ihr wollt, denn ich möchte selbst gerne wissen, was so in mir steckt, verstehe bestimmt sehr viel „Spaß" ☺ und wünsche mir, erst recht Euren kennen zu lernen!

Weil man mündlich ohne große Rückbriefe spontane Treffs direkter und

148

auch schneller vereinbaren kann, bitte ich
Euch deshalb nach dem Motto: „Ruf
doch mal an!" um den Zauber Eurer
Stimmen, wenn Ihr meine Tel.-Nr.
wählt, oder noch sicherer, wenn ihr mir
eine Sms aufs Handy sendet, weil ich
meines dienstlich immer ausschalten muss.
Werde ich jetzt mehr von Euch hören
oder auf dem Handy lesen und euch
Vollblutweiber hoffentlich auch sehen, oder
waren meine Träume von so tollen
Verlockungen wie Ihr es seid, nur
Schäume und wie viele Märchen
rechtgrausam?
Auf jeden Fall warten ich und „Er"
schon ganz „gespannt" auf Eure
Antwort und verbleiben
mit allen lieben Grüßen
Euer R

Hallo,

ich sehe euch schon mit gespreizten Beinen

vor mir liegen.

Ich stehe auf unrasiert.

Das Pfläumchen kann ruhig fleischig und

dick sein.

Meine flinke Zunge wird euch um den

Verstand bringen.

Wenn ihr dann schön feucht seid, werde

ich euch besteigen.

Mein Prügel hat eine stattliche Größe

und ich bin steril.

Also können wir es uns ohne Gummi

gemütlich machen.

Bin gespannt wie ihr Ladys ausseht und

was ihr so drauf habt.

Meldet euch so schnell wie möglich.

Bin schon ganz geil.

Euer E

Hey ihr Wuchtbrummen,

bevor wir unten vergammeln,
lasst uns noch mal richtig rammeln.
Erst werde ich euch liebkosen
Und dann kräftig stoßen
Denn heute geht es rund,
erst in Po und dann in Mund

Ich werde einen Freund mitbringen, der
bereits seit Wochen keinen Sex mehr
hatte.
Können wir über Kreuz vögeln.

Bis denne

L und M